SEXO NO ESCRITÓRIO!

LEVI ÓRION

1

PEGUEI NA INTERNET!

Em meus sonhos mais loucos, eu não poderia imaginar o que meu computador estava projetando na tela hoje.

Sentei-me sozinho em frente ao computador e, seguindo uma fantasia erótica, pesquisei no Google.

Muitas vezes eu me perguntava se algumas das mulheres que eu conhecia compartilhariam minha paixão por prazeres secretos no PC.

Havia bastantes fotos amadoras e videoclipes publicados na Internet. Mas o último pontapé de reconhecimento até agora tinha sido negado a mim.

Quão incrível seria encontrar meu vizinho ou a vendedora da ema nua na internet. A vendedora da ema era uma jovem muito erótica. Quando fiz as últimas compras, ela disse a um cliente que seu marido a havia deixado. Até agora não ousei falar com essa mulher dos sonhos porque sou tímida quando se trata de mulheres. Navegar na internet é bom, mas na realidade eu era autoconsciente.

De repente, o buscador da internet me mostrou uma página onde maridos traídos podem postar fotos de suas (ex) esposas.

Cliquei na página e me pediram para digitar o nome de uma pessoa que eu estava procurando. Droga! Qual era o nome da vendedora ema.

Era um primeiro nome com "A", eu me lembrava disso.

Acabei de começar a digitar todos os nomes que "A" me iniciaram em ordem.

Quando escrevi "Ela" engasguei e tossi. Eu vi cerca de dez imagens altamente eróticas de uma linda mulher que eu conhecia!

Era minha colega de trabalho Ela Schmid, que trabalha no escritório ao lado do meu!

Ela! uau!

Somos ambos funcionários de uma editora. No total, mais de cinquenta pessoas trabalham na empresa, sendo quase metade mulheres.

Ela Schmid é de longe a mais bonita da nossa empresa!

Ela tem cerca de 1,70 m de altura, muito magra e atlética. Ela tem um lindo cabelo castanho escuro encaracolado. Seus seios são a principal razão para eu chamá-la de a mulher mais sexy que conheço. Eu

acho que o tamanho do copo dela é "C". A forma é, como você pode facilmente adivinhar sob suas blusas apertadas, especialmente no verão, o martelo absoluto.
Independentemente de estar usando blusa ou suéter, seus seios eram sempre ousados. Se alguma vez ela se abaixou na minha frente, por exemplo, para pegar um arquivo da última gaveta do nosso arquivo, eu já tive a oportunidade de olhar para a base de seus seios várias vezes. No entanto, tudo entre nós sempre permaneceu bastante inofensivo, mesmo que ela às vezes flertasse conscientemente com seus encantos. Mas eu, como homem casado, e ela, como mulher que está em um relacionamento há muitos anos, nunca estivemos em uma situação complicada.

As fotos na Internet eram claramente fotos privadas!

Ela sorriu sedutoramente para o cinegrafista invisível.

As primeiras fotos eram relativamente inofensivas, e mostravam ela tirando sua camiseta minúscula e revelando um sutiã de renda preto.

Depois veio o jeans. Então você pode ver como ela lentamente tirou o sutiã e a calcinha.

Só de olhar essas fotos fiquei sem fôlego.

Meu pênis ganhou vida e pressionou em minhas calças.

Nas fotos a seguir, Ela estava descansando em um grande sofá preto e claramente se divertindo. Aparentemente ela estava excitada, porque seus pequenos mamilos castanhos claros se ergueram visivelmente sob suas carícias.

Nas últimas três fotos da série ela estava deitada de costas. Suas pernas estavam bem abertas e mostravam insights profundos!

A mão esquerda estava ao lado de seus pelos pubianos castanhos, a mão direita em seu peito.

Meu pau agora estava muito duro e latejava avidamente em minhas calças. Eu abri meu pênis, libertando meu pênis de sua prisão e comecei a me masturbar.

Como eu havia imaginado no meu segredo "Ela Fantasia", ela estava parcialmente raspada e só deixou uma estreita faixa de seus pêlos pubianos castanhos acima de seu paraíso.

Embora eu quisesse capturar a magia dessa descoberta e aproveitar minha própria excitação pelo maior tempo possível, depois de um curto período de tempo me senti violenta e descontrolada, quase como fazer sexo pela primeira vez.

Então eu sentei na frente da tela por alguns minutos, como se estivesse paralisado.

Depois de um tempo salvei as fotos e encerrei minha sessão de internet.

Eu havia pensado em minha descoberta durante a noite e fui para o escritório com determinação, mas com as pernas trêmulas.

As primeiras horas foram marcadas para reuniões e telefonemas. Tentei me concentrar no meu trabalho, que surpreendentemente consegui fazer relativamente bem.

Pouco antes do meio-dia, como sempre, saí para fumar um cigarro. Depois de alguns minutos a porta se abriu e Ela saiu. Ela os cumprimentou amigavelmente e acendeu um cigarro.

Ficamos sozinhos na área de fumantes e decidi ser corajoso.

"Uh, Ela, eu preciso falar com você em particular."

Ela sorriu para mim surpresa.

"Ah, sim? O que há para discutir?

Eu corei levemente.

"A questão é um pouco delicada. Eu não quero que ninguém nos ouça ou nos ouça", eu disse incerta.

"Pequeno? Estou curioso. Ela respondeu com um sorriso. "Espero que não para mim."

Eu olho para ela e percebo que ela estava particularmente bonita naquele dia. Em minha mente eu tinha suas fotos íntimas na minha frente.

Eu respirei fundo.

"Na verdade, é sobre você", eu respondi.

Ela me olhou um pouco confusa.

"Eu não entendo o que você quer dizer. Você poderia finalmente me dizer do que se trata?"

"Você ainda está com seu namorado?" Eu comecei a perguntar.

Uma sombra escura cruzou seu rosto. Depois de um momento de hesitação, ela me disse que terminou com ele há duas semanas porque eles tinham planos diferentes para o futuro.

"Foi difícil, mas provavelmente a melhor solução para nós dois", explicou ela, cabisbaixa.

"Mas ele parece ver as coisas de forma diferente. Isso nos traz ao tópico real. Agora está ficando estranho, mas eu tenho que te contar tudo."

Ela ouviu atentamente e me olhou com curiosidade com seus lindos olhos verdes.

"Eu navego na internet ocasionalmente. Às vezes eu vejo fotos eróticas."

Katja corou um pouco.

"Por que você está me dizendo isso? Isso não vai ser uma escolha desajeitada, não é?"

Eu balancei minha cabeça não.

"De jeito nenhum! Ontem à noite cheguei a uma página incomum. Lá homens abandonados enviaram fotos eróticas de suas ex-esposas. Para encurtar a história, encontrei fotos eróticas de você lá."

Agora estava fora, mas Ela parecia não entender ainda.

"Onde você me viu? Na Internet?"

Olhei em seus olhos.

"Mas infelizmente! Seu ex-namorado parece ter postado algumas de suas fotos privadas: eu vi mais de você do que eu deveria gostar."

Ela arregalou os olhos e colocou a mão sobre a boca.

"O que você viu? Quais fotos? Qual é o nome da maldita página?" ela resmungou em estado de choque.

Eu tento acalmá-la.

"Você não precisa se envergonhar, eu vou fazer alguma coisa..."

Ela deve ter me interrompido.

"O que você viu? E agora me diga exatamente onde posso encontrar este site."

Eu dei a ela o endereço da web.

“Você está completamente nua na maioria das fotos, às vezes parece que você está se masturbando. Eu acho que você deve reagir imediatamente antes que as fotos circulem na rede e ainda mais conhecidos as vejam. Só espero que você não esteja muito bravo comigo. Você não precisa se sentir desconfortável. Não vou contar a ninguém, prometo!"

Silêncio. Ela parecia envergonhada no chão, corou levemente e começou a chorar baixinho. Então ela pulou e correu para dentro de casa. Não vi e não ouvi nada dela pelo resto do dia.

À noite, um colega me disse que Ela havia tirado meio dia de folga e saído da empresa ao meio-dia.

À noite, sentei-me na frente do meu computador e cliquei no site em questão.

Como eu já havia adivinhado, o link para as fotos de Ela havia sido revisto. Depois de clicar no título, apareceu uma mensagem de que as fotos haviam sido removidas da oferta a pedido do proprietário.

Fiquei feliz que Ela conseguiu bloquear sua página tão rapidamente, mas também senti um pouco de decepção.

Como se estivesse sozinho, abri a pasta do meu disco rígido na qual havia salvado as fotos dela.

Eu cliquei em suas fotos e comecei a masturbar meu pau duro. Com a excitação crescente, eu me esfreguei cada vez mais rápido, esguichando violentamente por toda a minha mesa.

Na manhã seguinte, um sábado, dirigi até o escritório para trabalhar em algumas transações pendentes. Como geralmente acontece em um sábado, eu estava sozinho na empresa. Meus colegas preferiram aproveitar o fim de semana.

No final da manhã ouvi barulhos!

Levantei-me e fui para o corredor para verificar. A porta da frente se abriu e Ela entrou no corredor. Ela me viu, olhou para baixo incerta e veio em minha direção.

"Achei que você estaria aqui hoje. Estamos sozinhos ou há mais alguém?" ela perguntou.

"Estamos sozinhos", respondi com a voz rouca.

"Eu gostaria de falar com você novamente sobre ontem", disse ela.

Eu balancei a cabeça. Fomos juntos ao meu escritório. Ela se sentou em uma cadeira de visitante na frente da minha mesa. Peguei duas xícaras de café na cozinha.

Quando voltei, Ela estava sentada de pernas cruzadas na cadeira e olhando pela janela. Tive a oportunidade de olhar para ela sem ser observado por um momento.

Ela usava uma mini saia preta e uma blusa branca. Seu top estava bem apertado e para piorar as coisas, ela havia desabotoado os três primeiros botões para que você pudesse dar uma boa olhada em seu decote de cima.

Chamei a atenção para mim, servi o café e sentei à minha mesa.

"Encontrei a página", ela começou a gaguejar. "As imagens foram excluídas imediatamente. O operador me enviou um e-mail depois de meia hora e pediu desculpas."

Confirmei a ela que também tinha visto isso na noite anterior.

Ela sorriu para mim.

"Você está frequentemente na rede, não é?"

Eu balancei a cabeça um pouco envergonhado.

"A propósito, agradeço por sua franqueza", continuou ela. "Nunca pensei que aquele porco publicasse minhas fotos. Ele me fez parecer uma vadia com isso."

Então ela se endireitou e me olhou diretamente nos olhos. "As fotos realmente excitaram você?"

Corei e gaguejei.

"Uhh, sim, bem, eles foram muito estimulantes e... uh, merda, sim, é claro que eles me excitaram. Desculpe, mas foi assim!"

Ela acenou com a cabeça e sorriu.

"E? Você se masturbou?

Estrondo!

Agora o não dito estava fora e eu estava em um beco sem saída. Por um lado, eu a avisei imediatamente para que ela pudesse decidir o que fazer, por outro lado, é claro, eu não tinha outro pensamento além do meu colega se masturbando por dois dias.

Olhei para Ela com vergonha.

"Eu simplesmente não pude evitar," eu gaguejei. "Suas fotos eram tão sensuais que eu tive que fazer isso."

Naquele momento eu pensei que iria afundar no chão. Senti vergonha na frente do meu jovem colega. Ao mesmo tempo, porém, notei que o sangue não estava apenas correndo para o meu rosto, mas que minhas calças estavam lentamente ficando apertadas.

Ela brevemente jogou o ofendido com um sorriso malicioso.

"Ótimo, agora eu me tornei o modelo secreto de masturbação do meu colega de trabalho."

Eu temia uma cena legítima e imaginava quais seriam as consequências de minha admissão a ela se alguém na empresa descobrisse sobre isso.

No entanto, Ela parecia completamente relaxada e bebeu seu café distraidamente. Então, de repente, ela perguntou.

"O que você mais gostou nas fotos? Quero dizer, você vê fatos simples o tempo todo, especialmente quando você as procura especificamente na internet."

Fiquei feliz por Ela não ter nenhum pensamento de constrangimento.

Meu sentimento de vergonha lentamente deu lugar a outro sentimento, que mal posso colocar em palavras.

Havia uma emoção especial no ar!

Eu me perguntava o que havia de especial nas fotos dela para mim.

"Acho que no começo foi porque era você. Eu realmente não deveria dizer isso, mas acho que você é a mulher mais atraente do mundo."

Corei um pouco com essa admissão. Mas eu realmente me senti assim e quis dizer isso.

Ela me observou pensativa.

"Eu tenho pensado muito em você," eu continuei.

"Que tipo de pensamentos, o que você quer dizer?" ela perguntou curiosa.

“Bem, em certas situações cotidianas, às vezes um olhar seu, um gesto, é suficiente para estimular minha imaginação. Por exemplo, eu observei você quando seu decote permitia mais visão sobre seus seios do que o normal em certas situações. Então comecei a pensar no que ela usa por baixo da blusa. De que cor é o sutiã dela, combina com a calcinha?

Ela sorriu e pareceu endireitar as costas inconscientemente. O tecido de sua blusa esticou e eu vacilei.

"Uhhh," eu gaguejei, olhando para seu decote. "Como agora. Seu movimento faz minha imaginação fluir. Isso me faz pensar como são seus seios, qual o tamanho de seus mamilos, err, desculpe, quero dizer, seus mamilos."

Ela não pareceu se importar que eu estivesse olhando para seus seios naquele exato momento.

"Eu não teria creditado a vocês, homens, tanta imaginação. Achei que o cinema mental era mais o domínio de nós, mulheres."

"Todo mundo tem fantasias secretas, certo? Não é?" Perguntei um pouco mais corajosa.

Ela parecia estar esperando por essa pergunta.

“Claro, foi assim que minhas fotos foram tiradas. Eu sempre achei muito excitante me mostrar. Não me interpretem mal, não sou exibicionista, mas o pontapé é dar, mostrar, revelar algo de si em determinadas situações, de forma completamente imprudente sem pensar nas consequências, ou precisamente por causa das possíveis consequências. Eu sempre assumi secretamente que meu ex-namorado também poderia mostrar essas fotos e me causar problemas. Mas naquela época, uh, quero dizer, na noite em que ele veio com sua câmera e me perguntou se eu faria um pequeno show para ele, eu estava mais assustado e ao mesmo tempo mais animado do que em um muito tempo."

Quando ela disse as últimas palavras, ela se sentiu envergonhada no chão. Então ela se mexeu para frente e para trás em sua cadeira.

Eu senti como se eu não fosse mais a única lutando uma batalha interna com meus hormônios naquela manhã.

"Isso é provavelmente o que me fascinou tanto nas fotos. Isso não apenas me deu uma visão íntima, ou melhor ainda, voyeurística de sua privacidade, mas de alguma forma eu senti uma cócega semelhante à que você acabou de descrever. mais inquieto e me perguntei até onde ela vai? o quanto isso mostra? Eu senti que você estava fazendo isso só para mim. Depois das primeiras fotos eu sempre quis mais. Quando eu vi seus peitos, que eu sempre sonhei , o meu era, uh... como posso dizer..."

Ela interrompeu minha gagueira com um sorriso.

"Você quer dizer o seu pau?"

Eu balancei a cabeça em alívio e fiquei feliz com seu jeito descomplicado.

"Sim, uhhh, bem, meu pau estava duro em segundos e eu comecei a esfregá-lo. Então, em algum momento, sua calcinha virou e eu estava fora de mim. Quando eu digo seus pelos pubianos castanhos, eu esguichei na mesa.2

Depois de um momento de hesitação, acrescentei.

"Semelhante à situação agora."

Ela olhou para cima e respirou fundo.

"Estou aliviada. Achei que era a única aqui enlouquecendo. E como você já me viu em ação, vou te contar mais uma coisa", ela parou por um momento antes de continuar em voz baixa. " Estou tão molhada agora que posso sentir meu cheiro."

Ela se recostou demonstrativamente e abriu as pernas para que eu visse algo branco espreitando debaixo de sua minissaia.

Um silêncio caiu entre nós enquanto cada um observava as reações do outro. Eu quebrei o silêncio primeiro.

"Quando você fez isso sozinho na sessão de fotos, acabou lambendo os dedos. Foi por acidente, ou você faz isso com mais frequência?"

Ela ergueu as sobrancelhas e hesitou. Então ela se recompôs. "Eu faço muito isso quando me masturbo, gosto do meu gosto pela intimidade. Me deixa ainda mais gostosa. Você também não?"

Eu não sabia exatamente o que ela queria dizer.

"Infelizmente, eu nunca tive a chance de provar seus gostos íntimos, então não posso dizer."

Eu sorri para ela e ela riu também.

"Bem, em primeiro lugar, eu não quis dizer isso, e segundo, uh... você gostaria?"

Achei que tinha entendido errado, mas ela me olhou de forma coquete. Sua mão esquerda vagarosamente vagou para seus seios.

Claramente!

Ela começou a desabotoar a blusa. Eu podia ver o topo de seus seios sob seu sutiã quase transparente. Eu a estava observando fascinada quando ela parou de repente.

"Eu sei que você é casado e não quero que você tenha problemas. Além disso, eu pessoalmente não sei como devo continuar. Mas dado o que vivemos nos últimos dias, eu tenho esta sugestão: Não há sexo! Cada um por si e a coisa fica entre nós para sempre. Você tem minha palavra. Pense nisso agora e não diga nada. Se você não quiser, levante-se e me leve para o porta, então o capítulo acabou. Mas se você quiser agora, é a sua vez, porque você já me viu fazendo isso. Acho que mereço uma pequena compensação! Adoraria ver seu pau duro!

Ela olhou para mim com firmeza e esperou pela minha reação.

Pensei febrilmente e mentalmente percorri todas as preocupações morais.

Quando Ela se inclinou para o lado por um momento para alcançar sua xícara de café, meu olhar caiu automaticamente para seus seios semi-cobertos. Eu podia ver o lado se aproximar e essa curva me roubou o último resquício de decência e moralidade.

Empurrei minha cadeira para trás, levantei e desabotoei minhas calças. Sem comentários, eu os puxei para baixo junto com minhas calcinhas e me expus na frente do meu colega claramente interessado.

Minha masculinidade cresceu ao longo de nossa conversa e já estava doendo. Agarrei meu pênis e lentamente comecei a puxar meu prepúcio para frente e para trás. Ela me observou e eu senti sua respiração acelerar. Depois de um tempo, ela desabotoou os últimos botões de sua blusa e os deixou deslizar sobre seus braços. Ela endireitou as costas e pela primeira vez pude olhar seus seios sem segredos. Seus mamilos obviamente já estavam bastante duros e claramente visíveis sob o tecido delicado de seu sutiã. Apesar da minha excitação, notei naquele momento que sua xícara estava enfeitada com renda preta nas bordas externas.

Apenas a parte superior era transparente.

Eu gemi baixinho com a visão e senti um sonho há muito acalentado prestes a se tornar realidade naquele momento. Meu suspiro suave fez Ela olhar para cima. Ela olhou nos meus olhos e me deu um sorriso inocente.

Sem quebrar o contato visual, ela estendeu a mão para trás e desafivelou o sutiã, deslizando as alças de seus ombros. Então ela colocou a roupa de lado e esticou os seios para mim.

Eu mal podia acreditar na minha sorte e me masturbei como uma obcecada!

Uma primeira gota do meu líquido já se formou na minha glande e garantiu uma lubrificação agradável.

O barulho de estalo feito pelos movimentos das minhas mãos pareceu agradar a Ela, porque ela voltou seu olhar para a parte inferior do meu corpo e lentamente lambeu os lábios com a língua.

De repente, ela quebrou nosso silêncio anterior.

"Eu não aguento mais, eu tenho que fazer isso agora também. E eu quero que você me observe de perto. Pronto?"

Eu apenas balancei a cabeça e olhei para ela enquanto ela levantava seu traseiro ligeiramente e empurrou para baixo sua minissaia e calcinha com alguns movimentos.

Com a mão esquerda, ela acariciou suavemente os mamilos em um movimento circular, enquanto a outra mão se aproximava da faixa de pelos pubianos.

Ela abriu as pernas e eu pude vê-la acariciando dois dedos alternadamente em seus lábios.

Aparentemente, ela queria tomar seu tempo e saborear sua excitação. Ou ela queria me deixar louco com isso. Ela não parecia estar com pressa, porém, apenas tocando a parte superior de seu paraíso de vez em quando, como por acaso, onde eu podia ver seu clitóris espiando pela metade sob um pequeno capuz.

Naquele momento eu tive a sensação de que todas as sinopses iriam queimar através de mim. Um sentimento, uma excitação como da primeira vez fluiu pelo meu corpo.

Eu soltei minha mão do meu membro e ainda minha excitação continuou aumentando, de modo que todo o meu corpo começou a tremer levemente. Eu segui a cena irreal apenas com meus olhos e o puxão na parte de baixo da minha glande anunciou o próximo clímax.

"Estou fora de controle! Você está me matando."

Ela olhou para mim com um sorriso malicioso. Ela lentamente empurrou o dedo médio de sua mão ativa em sua caverna obviamente muito molhada e puxou novamente pouco depois.

Com prazer, ela o levou à boca.

Naquele momento, tudo tinha acontecido comigo e eu derrubei em vários jatos sobre a mesa entre nós.

Enquanto isso, Ela acariciava seu clitóris com dois dedos e massageava o mamilo de seu seio direito com a outra mão.

Depois de alguns momentos, ela começou a choramingar baixinho.

Seu abdômen inteiro se contraiu. Ela esticou a vagina aberta na minha direção. Tremendo de um orgasmo violento, ela gemeu e então caiu para trás em sua cadeira, mole.

Ninguém se moveu por alguns segundos.

Então Ela quebrou o silêncio com um sorriso tímido.

"Você vai se arrepender disso? Eu nunca fiz nada assim antes. Vamos começar a trabalhar agora, ou nunca mais podemos olhar nos olhos um do outro?"

"Eu experimentaria esses momentos com você com mais frequência", respondi, gaguejando.

Ela sorriu, então acenou com a cabeça.

"De nada, eu gosto muito do seu pau. Eu gostei de como você esguichou na mesa. Nós realmente deveríamos fazer isso de novo."

Ela deslizou o dedo entre seus lábios. Eu ouvi o som de estalo quando ela entrou. Então ela puxou o dedo molhado e se levantou, dando um passo ao meu lado.

"Mas só se você gostar do meu suco genital."

Ela estendeu o dedo para mim.

Eu balancei a cabeça e abri minha boca.

2

E-MAIL DE VOCÊ!

Lena estava mais nervosa do que estava há muito tempo quando saiu da estação de metrô no centro de Munique nesta manhã de primavera e caminhou os poucos metros até o complexo de escritórios de seu novo empregador.

Ela esperava que este fosse um daqueles dias que você se lembrará com carinho nos próximos anos, porque marcaria o início de um novo capítulo em sua vida.

Ela perdeu seu último emprego quando recusou seu chefe. Ele queria agarrá-la por baixo da saia enquanto ela estava trabalhando.

Um soco de Lena acabou com essa ação dele. Uma assinatura dele acabou com o emprego dela.

A razão que ele deu foi que ela estava constantemente andando em saias justas na frente de seus olhos.

Lena ainda sentia uma raiva impotente hoje quando pensou em seu último chefe. Claro, ela prestava atenção à sua aparência e gostava de usar saias justas no escritório. Mas isso significa um convite para se atrapalhar?

Ela completou 25 anos no mês passado e estava justificadamente orgulhosa de seu corpo esguio e pernas bem torneadas. Seu cabelo loiro chegava até seus ombros e emoldurava seu rosto atraente com olhos azuis brilhantes.

O escritório de emprego em Munique mediou duas ofertas de emprego. As entrevistas correram bem. Seu futuro chefe, que ela conheceu na segunda entrevista, causou uma ótima impressão.

Lena sentiu internamente que desta vez tudo estava certo.

Apenas uma coisa a perturbou. Na segunda entrevista, ela descobriu que seu novo chefe tinha o privilégio de ter dois assistentes ao mesmo tempo, porque ele estava na empresa há muitos anos. Lena teria que trabalhar muito de perto com esse colega ainda desconhecido.

"Se isso é uma merda, então as coisas podem ser divertidas", ela pensou nervosamente. No final, em sua situação, ela não teve escolha a não ser embarcar nessa aventura.

Lena se apresentou à recepcionista na hora.

Pouco tempo depois, ela foi apanhada pelo funcionário de recursos humanos responsável por ela e levada para seu futuro escritório.

"Sarah, eu trouxe alguém para você", a mulher chamou em voz alta do outro lado da sala.

Lena notou como uma pessoa alta e de cabelos escuros se levantou de um grupo de mesas e veio em direção a eles. Mesmo antes de trocar uma palavra com seu novo colega, ela de alguma forma já sabia que todos os seus medos eram completamente infundados.

"Olá, eu sou Sarah e estou realmente ansioso para conhecê-lo."

As duas mulheres apertaram as mãos brevemente.

Lena notou imediatamente a natureza amigável e de coração aberto de sua nova colega. Ela estima que Sarah tenha pouco mais de 30 anos. Ela usava jeans pretos apertados, uma blusa branca e parecia bastante oriental com seus longos cabelos pretos. O mais impressionante, no entanto, eram seus olhos escuros e os seios enormes que podiam ser adivinhados sob a blusa.

Sarah conduziu Lena brevemente pelo escritório que as duas tinham que dividir com três senhoras mais velhas de Contas a Pagar. Então ela levou Lena para os fundos do escritório, que agora se tornaria seu novo lar profissional. O conjunto de mesas consistia em duas escrivaninhas espaçosas colocadas diretamente em frente uma da outra, à esquerda de uma divisória com uma janela de vidro. Atrás do qual estava obviamente o escritório de seu novo chefe.

"Dr. Burgmeister está atualmente em Moscou. Ele não estará de volta até o final da semana. Então eu posso lhe mostrar tudo de uma maneira descontraída."

"Ótimo, então vamos começar", respondeu Lena, que estava realmente ansiosa pela próxima vez.

Ficou ainda melhor do que Lena ousara sonhar.

Seu chefe acabou sendo um adorável cavalheiro que cuidava de suas duas "meninas" de maneira amigável. Ele quase parecia desconfortável quando tinha que delegar tarefas a ambos.

Lena estava no mesmo comprimento de onda com Sarah como ela raramente havia experimentado antes. Não demorou muito para que as duas mulheres só precisassem olhar uma para a outra para saber o que a outra estava pensando.

Logo os dois saíram juntos depois do trabalho e tornaram os vários bares, restaurantes e lojas de Munique inseguros.

Já era junho e as temperaturas da tarde no escritório estavam lenta mas seguramente se tornando desconfortáveis.

Os quartos tinham ar condicionado, mas só era permitido funcionar no nível mais baixo. Seu chefe estava em viagem de negócios novamente, então as duas mulheres tinham uma rotina diária tranquila.

Um e-mail de Sarah apareceu na caixa de entrada de Lena.

Embora ambas as mulheres se sentassem diretamente uma em frente à outra, elas conduziram grande parte de sua conversa por e-mail para não dar motivo de reclamação a ninguém.

"Isso não pode ser verdade! Você viu os sapatos de Schmid?"

Lena sorriu enquanto digitava a resposta.

"Eu gostaria de tirar meus sapatos no calor! Deveríamos poder trabalhar nus."

"Faça isso, seu pedaço de tesão. Eu adoraria ver isso."

Lena teve que rir alto ao ler a resposta de Sarah. Ela digitou sua resposta.

"Você gostaria disso, não é? Mas eu vou te dizer uma coisa, amanhã eu vou tirar a calcinha."

Quando Sarah leu o e-mail de Lena, ela fez uma expressão divertida e digitou a resposta.

"Imagine, eu já tive a ideia esta manhã."

Lena olhou para a colega com os olhos arregalados.

"Você realmente?"

Sarah sorriu enquanto digitava

"Eu não estou usando calcinha hoje, se é isso que você quer dizer."

"Ah, vamos lá, você está brincando comigo!"

Sarah hesitou por um momento antes de escrever a resposta.

"Dê uma olhada se você não acredita em mim!"

Ela deslizou um pouco para a frente em sua cadeira e olhou para Lena desafiadoramente.

Lena estava bastante pasma naquele momento, ela conhecia Sarah muito bem nas últimas semanas, mas ela não conhecia esse lado de sua colega antes. Ela podia ler em seu rosto o prazer ladrão de confundi-la assim.

"Não posso rastejar para debaixo da mesa e olhar por baixo da saia dela agora", pensou Lena. No entanto, ela sentiu um certo formigamento no estômago ao mesmo tempo e não podia negar que estava tentada a jogar esse jogo.

Perdida em pensamentos, ela deixou cair a caneta, que rolou sob a mesa.

"Eu acho que você deixou cair alguma coisa," Sarah disse um pouco mais alto do que deveria. Lena olhou para ela do outro lado da mesa, virou a cadeira do escritório e se abaixou para pegar a caneta.

A caneta rolou a uma curta distância sob a escrivaninha. Lena poderia tê-lo pegado na posição sentada, mas ainda assim ela deslizou lentamente da cadeira até ficar ajoelhada sob a mesa. Ela baixou o olhar para o chão, pegando a caneta enquanto lentamente levantava a cabeça.

A bunda de Sarah foi empurrada até a borda da frente da cadeira. Ela tinha aberto as pernas tanto quanto sua saia curta permitia.

Lena congelou quando olhou entre as pernas da colega pela primeira vez. Sua zona íntima estava coberta por pêlos pubianos pretos.

Lena nunca pensou que a visão de uma mulher nua pudesse fasciná-la tanto. Ela literalmente teve que se afastar da visão e se arrastou para fora de sua mesa novamente. Lá ela procurou desajeitadamente por um lugar onde pudesse colocar a caneta.

No momento ela não se atreveu a olhar seu colega nos olhos.

Havia um novo e-mail em sua caixa de entrada.

"Você gostou da visão? Achei que você não conseguiria se levantar!"

"Muito engraçado! Não consegui encontrar a caneta imediatamente."

Lena estava envergonhada com a coisa toda. Ela não conseguia pensar em uma resposta melhor. No segundo em que ela enviou o e-mail, ela sabia que Sarah perceberia sua mentira.

Sarah sorriu ao ler a resposta.

"Então, em que fendas profundas e peludas ele se escondeu?"

Os dois se entreolharam e riram, o que provocou um aceno de cabeça do outro lado do escritório.

As duas mulheres fizeram o resto do trabalho pelo resto da tarde antes de Lena se dirigir ao departamento de contabilidade financeira com a pasta de assinaturas.

"Vou descer e entregar o último relatório de despesas de viagem."

"Entendido. Quando você voltar, provavelmente já terei ido embora. Depois disso, minha senhoria virá fazer a reforma."

"Certo, isso é o que você disse. Desejo-lhe uma boa noite."

Quando Vera voltou mais tarde ao escritório, Sarah já havia saído. Havia um e-mail em sua caixa de entrada.

"Você amanhã também sem calcinha?"

Lena sentiu imediatamente esse formigamento indefinível na área do estômago novamente. Ela mastigou inquieta o lábio inferior.

Na manhã seguinte, ela parou na frente do guarda-roupa e examinou seu reflexo. Como seu chefe ainda não estava em casa e ela não tinha outro compromisso, ela decidiu por uma saia jeans casual com uma camiseta vermelha.

Ela se examinou e então caminhou em direção à porta da frente. De repente ela parou.

"Ah, não importa!" ela pensou e se virou. Ela puxou a camiseta sobre a cabeça, desfez o sutiã e o jogou na cama antes de colocar a camiseta de volta. Lena respirou fundo novamente antes de colocar a mão sob a saia e puxar a calcinha para baixo também.

Ela deu outra olhada rápida no espelho e ficou aliviada ao ver que sua camiseta estava opaca. Somente em uma inspeção mais próxima o contorno indistinto de seus mamilos revelou ao observador atento que seus seios firmes podiam desfrutar de sua liberdade hoje sem sutiã. Antes que ela tivesse a chance de mudar de ideia, ela rapidamente pegou suas chaves e bolsa e saiu do apartamento.

Ela secretamente amaldiçoou seu colega por iniciar esse jogo infantil.

Ou ela estava grata?

Lena não podia negar que toda a situação tinha um certo charme. Ao passar pela recepção e subir os degraus para o segundo andar, de repente percebeu que não havia como voltar atrás.

Ela respirou fundo novamente e então entrou no escritório.

Algumas horas depois, sua excitação quase deu lugar a algo parecido com decepção. Sarah olhou brevemente para o tamanho de seu busto durante a saudação matinal, mas se absteve de qualquer comentário e não disse uma palavra durante todo o dia.

Lena não sabia muito bem como lidar com esse sentimento de decepção.

O que ela realmente esperava?

As temperaturas no escritório estavam insuportáveis novamente.

De repente, Sarah murmurou algo como "Já chega", levantou-se da cadeira e ligou o ar condicionado.

Lena sorriu para ela e lhe enviou um e-mail.

"Você é meu herói. Obrigado!"

Uma resposta apareceu imediatamente.

"Eles podem realmente me vencer hoje! Não vejo que vamos morrer de calor aqui, embora tenhamos ar condicionado."

"Você está certo", respondeu Lena.

"Se você começar a ficar com frio, eu vou dizer pelos seus mamilos duros e vou desligar o ar condicionado novamente."

Lena corou ao ler este e-mail. Então ela tinha notado!

Então veio o próximo e-mail.

"Você não precisa corar. Se eu tivesse peitos tão grandes quanto os seus, eu provavelmente só andaria de topless. Eu sempre pensei que você usasse flexões, mas eu acho que você não precisa delas."

"Obrigado pelos elogios."

"E o resto?"

"O que você acha?"

"Não seja tão ingênua. Quero dizer, se você estiver nua pela saia também."

Os batimentos cardíacos de Lena começaram a acelerar. Ela considerou uma resposta, mas decidiu escrever seu primeiro pensamento.

"Confira!"

Sarah sorriu e ao mesmo tempo deixou cair uma caneta debaixo da mesa. Ela deslizou para fora da cadeira e rastejou sob o tampo da mesa.

Lena sentiu como se sua cabeça estivesse fervendo e prestes a explodir. "Meu Deus, eu devo estar vermelha como um tomate", ela pensou, mas ainda lentamente deslizou sua bunda até a borda da frente da cadeira. Ali ela abriu as coxas até onde a saia justa permitia.

Sarah pareceu ficar debaixo da mesa por uma eternidade enquanto os pensamentos e sentimentos de Lena davam cambalhotas.

"Olá, Sarah? Volte, você vai notar isso!"

Assim que Lena estava pensando se deveria simplesmente se levantar e ir até a copiadora, o rosto sorridente de Sarah reaparece do outro lado da mesa. Ela se sentou em sua cadeira e imediatamente começou a digitar.

"Uau! Você é uma loira de verdade. Eu não fazia ideia de que pêlos pubianos loiros eram tão sexy. Dá água na boca."

Lena teve um pensamento que, curiosamente, ainda não havia ocorrido a ela. Sarah tinha um namorado, mas isso não precisava significar nada.

Mas ela poderia realmente perguntar a seu colega e amigo tão facilmente? Seus dedos tremiam enquanto ela digitava.

"Posso perguntar honestamente? Você é lésbica ultimamente?"

Sarah sorriu largamente enquanto digitava a resposta.

"Não, é você?"

"Uhhh, não! Claro que não?"

"Veja, mas ainda é divertido, não é?"

Lena não podia e não queria negar que era uma agradável sensação de formigamento que ela estava sentindo em seu corpo.

"Você está certo. É meio excitante."

“Você acha excitante a definição de excitante? Seus mamilos estão cutucando com força através de sua camiseta.”

Lena olhou para si mesma em choque e percebeu que seus mamilos rígidos estavam claramente pressionando o tecido de sua camisa.

Então veio o próximo e-mail.

"Você não precisa se envergonhar. Estou muito excitada no momento também e provavelmente irei ao banheiro feminino e farei isso sozinha."

Os olhos de Lena se arregalaram ao ler esta mensagem.

Antes que ela pudesse responder qualquer coisa, Sarah já havia se levantado. Ela sorriu, pegou uma caneta Edding grossa da mesa de Lena e desapareceu do escritório.

Lena teve que respirar fundo primeiro.

"Se alguém tivesse me contado uma história dessas, eu não acreditaria em uma palavra", pensou ela, sorrindo.

Seus pensamentos giravam em torno do que Sarah estava fazendo no banheiro agora. Ela até brincou com a ideia de olhar, mas depois decidiu não fazê-lo.

Após cerca de dez minutos intermináveis, a porta se abriu e Sarah voltou para o escritório. Sua pele estava levemente corada e seu penteado não estava tão bom quanto estava alguns minutos atrás. Lena imediatamente começou a escrever.

"Foi divertido?"

"Não tão certo! Sempre havia alguém na cabana vizinha, eu não conseguia desabafar."

"Coitadinha! Por sorte não falta muito para o final do dia. Posso pegar minha caneta de volta?"

"Se você o quer de volta, você tem que pegá-lo!"

"O que isso significa?"

"Ainda está na minha boceta."

Lena, que estava prestes a tomar um gole de sua garrafa de água, teve dificuldade em evitar engasgar.

"Você está brincando comigo agora, não é?"

"Confira."

Lena olhou para a colega incrédula.

Isso foi totalmente louco!

Mas também muito emocionante. Lena olhou discretamente por cima do ombro para os três guarda-livros, que estavam todos olhando atentamente para seus monitores.

Lena respirou fundo antes de deslizar lentamente para fora da cadeira e rastejar para debaixo da mesa.

Sarah tinha deslizado de volta para a borda da frente de sua cadeira e abriu as pernas.

Aqui embaixo da mesa a temperatura parecia alguns graus

mais quente do que no resto do escritório. Pequenas gotas de suor começaram a se formar na testa de Lena. Ela queria voltar o mais rápido possível, antes que alguém percebesse o que estava acontecendo.

Lena rastejou lentamente em direção às coxas abertas de Sarah e logo percebeu que ela realmente não estava mentindo.

Cerca de uma polegada do alfinete apareceu entre seus lábios. Embora estivesse com pressa, Lena teve que admirar a visão por alguns segundos. Então ela lentamente estendeu a mão e conseguiu agarrar a ponta da caneta apesar de seus dedos trêmulos.

Assim que ela estava prestes a puxar cuidadosamente a caneta para fora de sua vagina, ela fechou as pernas para que a mão de Lena ficasse presa entre suas coxas.

Sarah não apertou as pernas com muita força, mas Lena ainda sentia claramente a carne quente em ambos os lados de sua mão. Lena puxou a mão com um pouco mais de força e acariciou suas coxas.

Parecia-lhe que estava sob esta mesa há séculos. Ainda assim, ela lamentava não poder mais tocar a pele quente e macia de sua colega.

Ela se arrastou para trás e se recostou na cadeira do escritório.

Sarah sorriu para ela do outro lado da rua e já estava digitando a próxima mensagem.

"Encontrou o que procurava?"

"Claro, a seleção de bichanos peludos pretos com uma caneta neles não era tão grande debaixo da mesa."

"Sua mão entre as minhas pernas foi ótima."

A garganta de Lena estava seca. Ela tomou outro gole profundo de sua garrafa de água antes de responder.

"Suas coxas estavam macias e macias."

"Você não acreditaria como estou quente agora!"

Os dedos de Lena pairaram sobre o teclado novamente. Ela mal se atreveu a digitar a pergunta que estava na ponta da língua. Mesmo que sua pergunta fosse apenas duas palavras, parecia que ela havia digitado errado dez vezes, mas eventualmente as duas palavras estavam em sua tela e ela pressionou enviar

"Em mim?"

Lena podia ver como Sarah fechou os olhos por um momento e teve que se recompor antes de responder.

"Se estivéssemos sozinhos, eu gostaria de atacar você agora."

Lena não respondeu, mas olhou bem nos olhos da colega. Ela podia ver tanto desejo nas feições de Sarah que ela não duvidou por um segundo que ela estava falando sério.

Lena digitou sua resposta.

"Você pode fazer o que quiser comigo!"

Sarah revirou os olhos e mordeu o lábio inferior.

“Eu gostaria de chupar seus mamilos duros. Eles estão rindo de mim assim o tempo todo."

Lena sorriu e passou a mão em direção ao pescoço. Para alguém apenas olhando para ela, parecia que ela estava coçando o decote um pouco abaixo do pescoço, mas ela estava acariciando o mamilo direito com o dedo anelar.

Sarah podia observar esse atrito de perto.

"Se você continuar assim, suas tetas estão prestes a perfurar o tecido, querida."

Lena digitou sua resposta.

"Tenho certeza que você gostaria disso."

De repente, ficou inquieto no escritório. Era hora de fechar, a maioria dos funcionários limpou suas mesas e se dirigiu para as saídas.

Lena olhou para o relógio e ficou surpresa que já eram 4 da tarde. Como o tempo voa rápido quando você está ocupado com coisas excitantes!

Lena e Sarah se olharam profundamente nos olhos sem palavras.

Depois de minutos aparentemente intermináveis, todo o escritório parecia ter esvaziado. Quando as portas se fecharam, houve um silêncio sem fôlego no escritório.

Apenas o zumbido suave do ar condicionado podia ser ouvido.

Lena e Sarah ainda estavam se olhando nos olhos. Eventualmente, foi Sarah quem, sorrindo, começou a deslizar para fora da cadeira e lentamente se arrastou para debaixo da mesa.

Lena prendeu a respiração inconscientemente.

Seu coração batia rápido, quase podia sentir Sarah rastejando lentamente para debaixo da mesa. O tempo parecia ter parado ao redor dela até que de repente ela sentiu dedos acariciando suas panturrilhas.

Sarah acariciou lentamente dos tornozelos até o joelho e depois lentamente desceu novamente.

Lena já tinha a sensação de estar sob o poder. Os dedos de Sarah pareciam queimar quentes contra sua pele. Ela relaxou o máximo que pôde e começou a massagear os dois seios através do tecido da camisa.

Sarah estava agora acariciando o interior de suas coxas. Quando Lena já acreditava que não poderia haver aumento desse sentimento, ela foi ensinada melhor!

Sarah começou a cobrir as pernas com beijos suaves.

Lena soltou um gemido baixo quando de repente a porta do escritório se abriu. A pessoa que entrou não pôde ver imediatamente as duas mulheres.

Assustada, Lena rapidamente tirou as mãos da camisa, rolou a cadeira um pouco mais para perto da mesa e fingiu olhar com atenção para a tela.

Sarah parou suas carícias, mas ficou escondida debaixo da mesa.

Um funcionário deixou algo em sua mesa.

"Meu Deus, estou ficando velha e desajeitada. Agora quase fui no aniversário do meu sobrinho e deixei o presente dele aqui!"

Sua mesa estava ao lado de Lena.

"A Sarah já se foi?"

"Uh, sim, apenas dois minutos atrás," Lena mentiu.

"Estranho, eu nem a vi na escada. Bem, acho que estou ficando cego também."

Enquanto a mulher tirava o presente embrulhado da gaveta e tentava guardá-lo na bolsa, Lena de repente sentiu Sarah beijando suas pernas debaixo da mesa.

O coração de Vera estava na garganta.

A mulher ainda estava mexendo na bolsa enquanto a língua de Sarah acariciava suas pernas.

Lena cerrou os punhos. Levou todo o seu autocontrole para não gemer alto.

Finalmente, a mulher guardou o presente na bolsa e se despediu.

Assim que a porta se fechou, Lena soltou um gemido baixo que não conseguiu conter. Ela relaxou de volta em sua cadeira e rolou para trás da mesa um pouco.

Sarah beijou e lambeu as pernas de Lena lentamente para cima até que sua cabeça apareceu sob a mesa. Ela deixou suas mãos vagarem ainda mais para cima, até que chegaram sob a bainha da camisa de Lena.

"Você é completamente louco! Você sabe disso?"

"Sim! Eu sou louco por seu corpo quente, querida."

Sarah brincou um pouco com a camisa de Lena e lentamente enfiou os dedos sob o tecido.

"Posso?"

"Você pode fazer o que quiser comigo."

Sarah não precisou ouvir duas vezes e imediatamente começou a empurrar a camisa de Lena para cima. Ela mesma se arrastou para fora da mesa, que colocou sua cabeça mais ou menos no mesmo nível dos seios de Lena.

Lena segurou sua camisa pelo pescoço para que ela pudesse puxá-la rapidamente para o caso de eles receberem uma visita surpresa novamente.

Sarah começou a acariciar os dois seios da colega ao mesmo tempo, circulando os mamilos com os dedos. Lena esticou as pernas para a direita e para a esquerda, jogou a cabeça para trás e começou a gemer baixinho.

Finalmente, Sarah se aproximou lentamente, mostrou a ponta da língua e lambeu cuidadosamente o mamilo esquerdo de Lena.

Então ela se tornou mais exploradora, deixando sua língua dançar ao redor dos mamilos duros e começou a chupar.

Lena acariciou o cabelo preto de Sarah com a mão livre e teve que se controlar para não gemer alto diante desse toque carinhoso.

Embora fosse improvável que alguém no corredor a ouvisse, ela não queria abusar da sorte.

"Isso é bom?" Sarah respirou.

Em resposta, Lena agarrou a parte de trás da cabeça de sua colega e apertou seus seios com força novamente, o que ela reconheceu com um grunhido de satisfação antes de continuar chupando os mamilos.

De repente, Lena sentiu as mãos de Sarah deslizarem por suas pernas e depois desaparecerem lentamente sob sua saia curta. Pouco antes de os dedos alcançarem seu centro de prazer, ela parou e começou a coçar suavemente o interior de suas coxas com as unhas.

Quando os dedos de Sarah tocaram sua vagina molhada pela primeira vez, Lena sentiu como se algo estivesse prestes a explodir entre suas pernas.

Seu corpo inteiro estremeceu.

Sarah lentamente começou a acariciar seu clitóris. ao mesmo tempo, ela chupou seus mamilos. Ela usou o dedo médio para ajudar. Depois de massagear o clitóris por um tempo, ela lentamente deslizou os dois dedos entre os lábios.

Lena empinou com prazer!

Sarah começou a penetrá-la com os dois dedos. Seus movimentos se tornaram cada vez mais rápidos. Quando Lena foi tomada por um orgasmo poderoso, ela teve que cerrar os dentes para não gritar sua luxúria em voz alta no escritório.

Finalmente, Sarah lentamente tirou os dedos da vagina de Lena e lambeu os dedos com prazer.

"Hmmm, você definitivamente tem um gosto por mais. Posso brincar com minha língua em sua doce boceta?"

"Você pode fazer qualquer coisa. Leve-me, use-me, sou apenas sua! Mas também quero ver, sentir e saborear algo de você!"

Ela lentamente deslizou a cadeira para o chão e gentilmente empurrou Sarah para trás.

"Se alguém entrar, diremos que vamos encontrar uma lente de

contato", Lena explicou enquanto se acomodava o mais confortável possível ao lado de Sylvia e lentamente começava a empurrar a camisa de Sylvia para cima.

Finalmente empurrando o tecido até o pescoço, Sylvia levou um momento para admirar a barriga lisa e os seios perfeitamente formados de sua colega. Enquanto acariciava a barriga com ternura, ela percebeu por um momento quão irreal era a situação em que se encontrava.

Ela estava em um prédio de escritórios lotado com seu colega debaixo de sua mesa e estava prestes a fazer algo com ela. Você realmente queria fazer isso?

A resposta já estava clara para ela antes que a pergunta passasse por sua mente. Ela queria fazer isso e ela faria!

Seus dedos vagaram lentamente sobre a barriga lisa de Sarah e se aproximaram de seus seios macios. Quando ela sentiu a carne macia, ela finalmente soube que não se arrependeria de embarcar nesta pequena aventura.

Ela se abaixou e começou a lamber os mamilos. Com o canto do olho, ela notou que Sarah havia enfiado a mão entre suas pernas e estava massageando sua vagina.

Ela soltou seus mamilos brevemente e olhou para Sarah.

"Deixe-o! Esse é o meu trabalho. Sua boceta é minha."

Com essas palavras, ela empurrou a mão de Sarah para o lado e começou a trabalhar na vulva molhada com os dedos.

Assim como Sarah tinha feito com ela antes, ela se concentrou no clitóris primeiro antes de deslizar os dedos cada vez mais fundo em sua fenda molhada antes de penetrar com dois dedos.

Sarah começou a respirar mais fundo e com mais força.

"Oh, isso é tão bom. Foda-me mais forte" ela gemeu.

Lena empurrou os dedos cada vez mais fundo em sua vagina.

"Ah, isso é incrível. Seus dedos realmente me enchem. Vamos, me foda!"

Estimulada por suas palavras, ela bateu os dedos em sua vagina cada vez mais forte. De repente, ela sentiu Sarah empinar embaixo dela. Um grito escapou de sua boca torcida de prazer quando ela atingiu seu clímax.

Lena diminuiu os movimentos cada vez mais até que ela cuidadosamente deixou seus dedos deslizarem para fora de sua boceta.

Fascinada, ela observou a umidade em seus dedos antes de lambê-los cuidadosamente com a língua. Ela tinha provado seu próprio suco muitas vezes antes, mas sentir os sucos de outra mulher em sua língua lhe deu um chute inesperado.

Ela lambeu avidamente o líquido restante de seus dedos e soube imediatamente que queria mais.

Ela passou a perna sobre o rosto de Sarah e pressionou a vagina contra a boca. Ao mesmo tempo, ela se inclinou e beijou o triângulo de pêlos pubianos pretos de seu colega.

Sarah imediatamente começou a chupar seu clitóris. Lena respondeu pressionando a pélvis com força contra a boca.

Lena procurou os lábios úmidos de sua colega no mato denso e enfiou a língua. Ela queria provar e desfrutar do gosto íntimo novamente.

Sarah reconheceu este tratamento com um gemido alto. Loucamente, ela começou a foder com a língua a vagina de Lena.

"Você gosta quando eu lambo sua boceta com tesão? Você tem um gosto tão delicioso, eu poderia continuar assim para sempre!"

Lena não conseguiu responder. Ela não queria separar sua boca das partes íntimas de seu colega. Tem gosto e cheiro bom demais!

Ela gostou da sensação do hálito quente de Sarah e sua língua macia e molhada. Especialmente quando ela lambeu do clitóris até o comprimento total de seus lábios, ela parecia estar vendo estrelas.

E então outro orgasmo anunciado!

Parecia uma explosão interna se espalhando de sua vagina por todo o seu corpo.

Quando ela atingiu seu clímax, tudo o que ela podia fazer era voltar e apertar a cabeça de Sarah firmemente entre suas pernas.

Incapaz de se mover, Lena ficou nessa posição por alguns segundos enquanto sentia Sarah continuar a cavar fundo em sua vagina com a língua.

Quando Lena superou esse choque, ela finalmente soltou a cabeça de Sarah e percebeu que sua colega teve que ofegar audivelmente por ar.

Lena se abaixou novamente, chupou com força o clitóris de Sarah e começou a mexer mais ou menos suavemente com os dentes enquanto também enfiava dois dedos em sua vagina.

"Ah sim, sua vadia! Me foda e chupe minha boceta! Sim, continue...aaaaaaaarrrgghhhh."

Lena sentiu Sarah empinar debaixo dela!

Um jorro real disparou entre seus lábios. Ela rapidamente puxou o dedo e lambeu a umidade.

Ela não queria perder uma única gota!

Ambos ficaram suando debaixo da mesa por alguns momentos. As duas mulheres saíram relutantemente de debaixo da mesa e endireitaram suas roupas suadas e amarrotadas o melhor que puderam.

Quando eles se olharam e perceberam o estado de suas roupas, ambos começaram a rir desinibidamente ao mesmo tempo.

3

ESCRAVO NO ESCRITÓRIO!

Meu nome é Jan Bauer.

Tenho 39 anos, tenho uma casa nos arredores de Munique e administro uma pequena empresa. Meu escritório fica em um prédio comercial no centro da cidade.

Seis meses atrás, decidi contratar uma secretária porque o trabalho de escritório estava ficando demais para mim. Algumas mulheres responderam ao meu anúncio de emprego e eu as teria contratado imediatamente por causa de sua aparência e figura.

No entanto, suas qualificações pareciam questionáveis para mim.

Então o escritório de empregos me enviou Nadine Holzer.

Ela tinha apenas 26 anos, mas causou uma impressão séria e educada. Quando eu disse a ela que ela conseguiu o emprego, ela quase me abraçou de alegria. Ela teve problemas financeiros porque seu último empregador não pagou salários por vários meses.

Era um verão quente.

Nadine geralmente usava um vestido de verão arejado e justo. Sentado em sua mesa, que eu tinha uma boa visão do meu escritório, eu podia ver claramente o formato de seus seios.

Sua figura esbelta me excitou!

Uma vez ela me ligou quando teve um problema com o PC. Dei um passo atrás dela e me inclinei para controlar o mouse. Seu perfume feminino combinado com o calor quase me deixou louco. Enfiei a mão em seu vestido com a mão esquerda e senti seu peito nu. Ela estava congelada.

Então ela se afastou de mim.

"Por favor, não! Não faça isso, Sr. Bauer!"

Foi assim com meus avanços.

Com o passar do tempo, fiquei cada vez mais excitado por essa mulher.

Ela exalava puro erotismo! Eu não conseguia mais me concentrar no meu trabalho.

Mas ela me decepcionou!

Um dia aconteceu algo completamente inesperado que mudaria a situação.

"Estou jantando, Sra. Holzer," chamei por ela e deixei meu escritório.

Ao sair do prédio de escritórios, percebi que havia deixado minha carteira na mesa.

Eu me virei e peguei o elevador de volta.

Ao entrar na ante-sala, notei que estava vazia.

Surpreso, abri meu escritório.

Minha respeitável secretária estava prestes a roubar dinheiro da minha carteira!

Quando ela me viu, ela congelou em choque. Seu rosto perdeu a cor e sua boca se abriu.

A princípio fiquei com raiva, mas então um pensamento diabólico me ocorreu. Eu queria aproveitar essa situação!

"Olha! Minha secretária é uma ladra!"

Sua cabeça inteira balançou e ela começou a chorar.

"Por favor... eu... desculpe", ela gagueja, parada ali como uma garotinha pega fumando na sala de aula.

Entrei no meu escritório e tranquei a porta atrás de mim. Coloquei a chave no bolso.

Então, devagar e com confiança, caminhei em direção a ela.

"Isso significa demissão sumária", eu disse calmamente, deleitando-me com minha posição de poder. "Além disso, isso significa uma taxa de roubo!"

As lágrimas escorriam por suas bochechas e pingavam sobre a mesa.

Eu gostei daquilo! Então eu continuei falando maldosamente.

"Vou garantir que eles não consigam um emprego em lugar nenhum."

Agora ela está plenamente consciente das consequências de suas ações.

"Por favor, senhor, eu sinto muito. Por favor, eu me arrependo do que fiz e estou envergonhada", ela soluçou.

Meu pênis endureceu!

Eu o tinha completamente em minhas mãos e continuo a saboreá-lo.

"Você deveria estar mais do que envergonhado. Roubar do seu próprio chefe, quão ruim é isso?"

Tirei meu celular do bolso da jaqueta.

"Vou chamar a polícia agora!"

Ela perdeu a compostura e agarrou meu pulso.

"Eu imploro, por favor, eu vou fazer as pazes com você."

"Você deveria ter pensado nisso antes", eu respondo com raiva.

Eu tentei puxar a mão dela.

Ela caiu de joelhos na minha frente e agarrou minha coxa.

"Por favor, não destrua meu futuro."

Minha empolgação aumentou imensamente!

Ela se entregou completamente a mim. Eu sinto o poder, meu membro latejou.

A protuberância nas minhas calças era óbvia.

"Levante-se e pegue algo para escrever!"

Eu tinha decidido abandonar a forma formal de endereço e mudar para "du". Ela obedeceu, pegou um papel e, soluçando, escreveu o que eu ditava.

Eu tenho sua confissão de culpa completa assinada. Também assinou legalmente um acordo adicional.

Nisso ela concordou em estar sexualmente disponível para mim.

Ficou claro para mim que isso não era legalmente válido.

Mas eu não me importei porque ela parecia acreditar.

"Vou apresentá-lo a algumas regras agora", digo triunfante, recostando-me satisfeita na minha cadeira.

"Venha e fique na minha frente para que eu possa olhar para você." Ela obedeceu imediatamente.

Ela ficou na minha frente com os olhos baixos.

"Primeiro, obrigado pela minha generosidade."

Depois de um momento de hesitação, ela respira timidamente.

"Obrigado, Sr. Fazendeiro."

"Levante seu vestido!" Eu ordenei severamente.

Seu rosto corou novamente, mas ela agarrou a bainha de seu vestido e lentamente o puxou para cima.

"Mais alto, sua vadia! Sobre seus quadris."

Ela fez como eu mandei. Eu poderia admirar sua calcinha branca. Um triângulo de pêlos pubianos castanho-escuros brilhava através do tecido ligeiramente transparente.

Deu-me um prazer diabólico humilhar esta mulher.

"Tire suas calças!"

Ela agarrou o elástico com os polegares e abaixou a calcinha. Estendi minha mão e imediatamente ela me entregou sua calcinha.

Eu inalei o aroma de sua calcinha triunfantemente.

Com um aceno de minha mão, ordenei que ela levantasse o vestido novamente. Eu poderia finalmente olhar para sua vagina peluda.

Ela estava visivelmente envergonhada por estar na minha frente tão nua.

"De agora em diante você não vai mais usar calcinha no escritório! Está claro?"

"Sim, eu entendo", ela respondeu timidamente.

"De agora em diante você tem que se dirigir a mim como 'Senhor', entendeu?"

"Sim Sr."

"Você pode cuidar do meu pau agora."

Eu rolei para trás na minha cadeira do escritório e dei a ela um olhar de comando.

Ela se ajoelhou na minha frente, desfez minha calça e puxou-a para baixo com meu short. Meu pênis duro balançou em direção a ela.

"O que você está esperando?" Eu perguntei com raiva.

Ela olhou ansiosamente para o meu membro latejante e timidamente o colocou no meu eixo.

"Agora você pode me pedir gentilmente para poder colocá-lo na minha boca!" Eu disse ironicamente.

Ela me deu um olhar atrevido por um momento, mas imediatamente abaixou os olhos.

"Eu imploro sua permissão para colocar seu membro em sua boca, Senhor", ela sussurra suavemente.

"Bem, então, se você é tão bom a ponto de perguntar, eu vou deixar você."

"Obrigado, senhor," Nadine disse educadamente e submissamente.

Ela abriu a boca e começou a lamber minha glande com a língua. Eu o senti circulando a ponta do meu pênis.

Ouvi sons de sucção e sucção enquanto ela bombeava minha vara escorregadia para cima e para baixo com a mão.

Então ela chupou meu pau duro profundamente em sua boca e balançou a cabeça para frente e para trás.

"Sim, você está indo muito bem, seu pequeno filho da puta!"

Agarrei sua cabeça com as duas mãos e empurrei meu pênis tão fundo em sua garganta que ela engasgou e tentou se afastar.

Mas ela não conseguiu!

Eu determinei o ritmo e a fodi profundamente em sua garganta.

Sua saliva escorria dos cantos de sua boca. Ela mal conseguia respirar. "Agora engula tudo, sua vadia", eu gemi alto, bombeando meu esperma profundamente em sua garganta.

Ela engasgou e engasgou, mas engoliu tudo.

"Você pode me agradecer pela minha doação de esperma!"

"Obrigada, senhor," ela respondeu submissamente.

"Por favor, por favor", respondi. "Agora de volta ao trabalho com você!"

Depois de alguns telefonemas, saí do escritório para comer. Quando vi Nadine sentada em sua mesa, não pude resistir a me aproximar dela por trás. Puxei as alças de seu vestido para baixo sobre seus ombros, expondo seus seios.

Então eu o agarrei com as duas mãos e belisquei seus mamilos com força.

"Eu vou comer agora", eu sussurrei em seu ouvido. "Sua vadia vai continuar trabalhando. Seu horário de almoço foi cancelado hoje, você foi uma garota má."

Acabei de morder o lóbulo da orelha dela. Então eu saí do escritório.

Depois de duas horas voltei e encontrei Nadine trabalhando duro. Fui até ela e agarrei seu cabelo com força.

"O que aconteceu nesse meio tempo?"

Ela me olhou ansiosa.

"Eu anotei tudo e coloquei em sua mesa, senhor," ela respondeu submissamente.

Eu a soltei e desapareci no meu escritório. Fiz algumas ligações lá. Depois de meia hora, chamei Nadine.

Eu coloquei minhas pernas sobre a mesa e sorri para ela.

"Feche a porta e venha me dizer por que você queria roubar meu dinheiro."

Lágrimas imediatamente correram de seus olhos novamente.

"Eu tenho grandes problemas de dinheiro. Minha conta está sem saldo, o banco confiscou meus cartões. Eu não sabia mais o que fazer. Por favor, me desculpe, eu nunca deveria ter feito isso."

"Você não pode desculpar sua ação ruim com isso. Por que você não me pediu ajuda?"

"Eu não ousei", ela lamentou.

"Vire-se, sua vadia", eu ordenei a ela.

Ela balançou a cabeça ansiosamente. Estendi a mão e dei um tapa no rosto dela com a palma da minha mão.

Ela gritou de dor.

"Despir-se!"

Ela era tímida, mas quando olhei para ela com raiva, ela rapidamente começou a abrir o vestido.

Sentei-me na minha cadeira com prazer e a observei.

"Vá em frente", eu a animei.

Ela só estava parada na frente da minha mesa de calcinha e sutiã.

"Mostre-me suas tetas quentes!"

Nadine tocou suas costas e abriu o fecho de seu sutiã. Seus mamilos se destacaram rigidamente de seus seios.

Ela estava animada!

"Vamos, tire sua calcinha", eu ordenei.

Ela lentamente puxou a calcinha para baixo sobre suas nádegas firmes. O tecido fino escorregou por suas pernas e caiu no chão.

Agora minha linda secretária estava completamente nua na minha frente.

Olhei para seu triângulo púbico e pensei ter visto sua vulva inchada entre eles.

"Sente-se na mesa com as pernas afastadas!"

Ela fez como ordenado.

Agora eu podia ver seus lábios, que se separaram ligeiramente. Alguma umidade já estava pingando de sua vagina.

Levantei-me e desabotoei minhas calças, olhando severamente em seus olhos.

Meu pau estava duro!

Eu andei lentamente em direção a ela, meu pênis balançando, e peguei uma longa régua de plástico que estava sobre a minha mesa.

Eu balancei a régua levemente e bati no átrio direito de seu seio. Seu mamilo ficou ainda mais duro e ficou vermelho.

Nadine gemeu de dor.

Eu bati novamente. ela gemeu.

Olhei entre suas pernas. A umidade tinha aumentado claramente. A umidade escorria de seus lábios.

Mais uma vez eu estendi a mão e a acertei bem na vagina desta vez. Eu tinha atingido o clitóris e os lábios grossos.

"Auuaaaaaa," Nadine gritou, mas gemeu ao mesmo tempo.

"Obrigado, vadia!"

"Obrigado Senhor por me bater", ela respirou.

"Peça-me para te foder!"

"Foda-me!"

Eu balancei a régua e bati com força em seus mamilos.

"Você deveria me perguntar!"

"Por favor, senhor. Eu ficaria muito feliz se eles me fodessem."

Eu tive que sorrir.

Que dia maravilhoso.

Agarrei suas pernas, coloquei-as sobre a mesa e as abri o máximo possível nesta posição.

Então eu fiquei bem na frente dela, peguei meu pau duro e lentamente o empurrei entre os lábios de sua boceta.

Eu penetrei cada vez mais fundo em minha secretária.

Há quanto tempo eu sonhei com isso?

Parecia o que eu esperava.

Simplismente maravilhoso.

Estava apertado, quente e muito molhado.

Sem mais delongas, comecei a fodê-la.

Dentro e fora. Dentro e fora.

Saia cada vez mais rápido.

Nossos corpos bateram um contra o outro.

Ela começou a gemer e fechou os olhos.

Eu não gostei disso, então bati em seus mamilos com força novamente com a régua.

"Olhe-me nos olhos, sua vadia!" Eu a ordenei.

O que poderia ser melhor do que olhar profundamente nos olhos de uma mulher durante o sexo. Acho esse contato particularmente íntimo.

A vaca estúpida queria fechar os olhos. Isso não é possível!

Então eu senti meu orgasmo se aproximando.

Toda a situação, a sensação de poder me deixou com muito tesão. Eu puxei meu pênis para fora de sua vagina, puxei meu prepúcio de volta sobre a glande novamente, e meu esperma já estava saindo.

Ele bateu em seu estômago plano e parecia afiado.

Se ela tinha vindo parecia sem importância para mim.

Seu único trabalho era me dar prazer!

Minha respiração lentamente se acalmou. Enfiei meu pau de volta em meu short e abotoei minha calça.

Olhei para minha garota, minha escrava sexual!

"Isso foi apenas o começo!" Eu sussurrei.

"Posso me levantar para me limpar, Senhor?" ela perguntou submissa.

Eu balancei a cabeça. Nadine se levantou e desapareceu no banheiro.

Que dia maravilhoso de trabalho no meu escritório.

Deve haver muitos mais por vir!

4

A PRIMEIRA LIÇÃO!

"Meu Deus! Eles são realmente bons para alguma coisa?"

Ele gritou comigo de novo, aquele macaco sem cérebro!

Pensei em um gorila batendo no peito para enfatizar seu rugido e sorri para mim mesmo.

"Seu sorriso vai embora!" ele me ameaçou e se aproximou muito de mim.

Por um momento nossos olhos se encontraram. Senti uma sensação estranha. Seus olhos estavam tão frios. Foi medo?

Eu não poderia colocá-lo.

Maldito seja! Mas ele realmente cheirava muito bem.

Se não fosse o sócio júnior do meu chefe e, portanto, meu superior!? Pare de bobagem, pensei comigo mesmo. Ele é um daqueles machos odiados.

Corri para completar as tarefas que me foram atribuídas, na esperança de obter sua satisfação. O que, claro, era quase impossível!

"Eu tenho que cuidar de tudo sozinho? Você usa sua cabeça para pensar ou apenas para ficar bonita?" ele amaldiçoou novamente.

Um leve formigamento se espalhou pelo meu nariz, o que anunciou que as lágrimas estavam prestes a vir.

Eu simplesmente não conseguia lidar com ser tratado injustamente. E lá estavam eles. Agora se recomponha!

Você não lhe dá a satisfação. Mesmo que eu estivesse razoavelmente no controle, eu sabia que meus olhos estavam brilhando molhados enquanto ele olhava para mim.

Ele percebe. Sua expressão facial mudou.

Meu desafio venceu. Eu bati os arquivos em seus pés!

"Foda-me!" Eu bati, virando e saindo de seu escritório com raiva.

"Como quiser!" ele gritou imperiosamente atrás de mim.

Muito bem, ecoou na minha cabeça. Era apenas seu chefe!

Eu costumava ter esse trabalho.

Depois que contei à minha colega sobre uma forte enxaqueca, ela me ofereceu para ir para casa mais cedo. Ela assumiria meu trabalho.

Agora eu estava xingando no meu sofá.

Zangado com o senhor Important, furioso com meu comportamento, amaldiçoando meu orgulho, horrorizado com meu temperamento.

Acordei às 2 da manhã e tenho a cara estúpida do meu chefe na minha mente.

Idiota! Agora ele já me assombra enquanto durmo.

merda de trabalho!

Em sete horas eu tinha que estar na frente dele novamente.

Se eu ainda tinha um emprego, eu estava um pouco inseguro.

Quando meu despertador tocou, eu rapidamente pulei para o chuveiro, me vesti e dirigi cambaleante para o escritório.

Foi como um déjà vu!

Mesmo escritório, eu com arquivos na mão, ele na minha mesa apenas... algo estava diferente.

Eu me senti extremamente desconfortável porque o que era pior do que seus insultos constantes era a absoluta ignorância que ele agora estava me mostrando.

"Sobre ontem," eu comecei, gaguejando ligeiramente.

Ele levantou a mão e falou em um tom perigosamente calmo.

"Nenhuma palavra!"

Fiquei em silêncio imediatamente. Esse idiota!

O que ele está imaginando? Eu me recompus e tentei controlar meu temperamento. Eu cuidadosamente coloquei os documentos em sua mesa, me virei e deixei seu escritório o mais calmamente possível.

O dia passou sem ele me chamar uma vez.

Isso nunca tinha acontecido antes!

Eu estava seriamente preocupado com meu trabalho, então procurei o endereço do escritório de empregos mais próximo na Internet.

Mas, por enquanto, acabei de terminar o trabalho. Até agora não houve rescisão na minha mesa. Dei um suspiro de alívio e arrumei minha bolsa.

Meu colega olhou para o meu escritório e me disse, com um encolher de ombros, que eu deveria ir ao seu escritório imediatamente.

Minha primeira reação: oh merda.

Minha segunda reação: Que idiota estúpido! Ele me deixa no escuro o dia todo, esperando até que eu termine.

Agora todos os meus colegas se foram, sem apoio moral.

Respire fundo. Ele é apenas um idiota!

Entrei em seu escritório com a cabeça erguida, deliberadamente não batendo, a porta estava entreaberta.

Apenas a lâmpada de sua mesa estava acesa. O quarto parecia escuro e assustador.

Foi silencioso. Eu estava sozinho.

Um formigamento se espalhou pelo meu estômago.

"Oi?"

Nenhuma resposta.

"Você queria me ver?"

Nada!

Estúpido, pensei novamente e estava prestes a sair do escritório.

De repente, fui agarrado por trás pelos cabelos!

Antes que eu percebesse o que estava acontecendo, eu estava presa contra a parede. Seu rosto estava bem na frente do meu.

Oh Deus! Como ele cheirava bem.

Você ainda tem todos? Eu refleti para mim mesmo.

Ele olhou profundamente em meus olhos.

Reconheci sua raiva, um desejo, sua excitação e também luxúria.

Mas acima de tudo, senti uma raiva desenfreada.

Eu estava assustado!

Ele pressionou seu corpo perto de mim e pressionou sua boca em meus lábios. Seguiu-se um beijo selvagem e apaixonado.

Assustada, eu o empurrei.

"O que cai..." Comecei minha frase, mas fui interrompido por um movimento de mão.

"Nenhuma palavra!"

Ele veio em minha direção novamente porque eu o havia empurrado para longe de mim. Ele agarrou meu cabelo novamente e puxou minha cabeça para que eu tivesse que olhar em seus olhos.

Eu não podia me mover, ele me segurou tão apertado.

Eu queria me mover?

Ele se inclinou novamente e me beijou novamente.

Eu o deixei e aproveitei este beijo forçado novamente.

O que isso deveria significar?

Ele me força um beijo e sinto uma excitação inexplicável.

Eu mordi o lábio inferior dele!

Ele se encolheu. Seus olhos brilharam para mim.

Ele lentamente desfez um botão na minha blusa.

Eu permiti.

O que estava errado comigo? Eu pensei sobre o que fazer, então olhei para mim com surpresa porque minha blusa já estava completamente aberta.

Fiquei arrepiado quando o tecido deslizou suavemente dos meus ombros.

Meus mamilos responderam prontamente!

Seu olhar caiu para aquela reação e eu quase esperei que ele a tocasse. Inconscientemente, levantei meus seios para ele, o que arrancou um sorriso dele.

Notei seu sorriso e quis fazer alguma coisa.

Somente o que?

Ele desabotoou meu sutiã e lentamente o puxou para frente de meus seios, tomando cuidado para irritar meus mamilos excitados, esfregando o tecido o máximo de tempo possível.

Percebi que minha luxúria aumentou e olhei em seus olhos. Sua cabeça se inclinou para frente e lentamente sua língua começou a circular meus mamilos agora duros.

Um gemido baixo escapou da minha garganta enquanto eu me entregava a esse prazer. Fui arrancada dessa felicidade quando, de repente e sem aviso, ele estava com uma corda na mão.

Antes que eu pudesse reagir, minhas mãos estavam amarradas!

De repente, percebi que estávamos completamente sozinhos no prédio.

O idiota poderia fazer o que quisesse comigo!

De repente, senti medo e pânico. Ele pareceu reconhecer isso e sorriu maldosamente novamente.

Ele então agarrou minhas mãos amarradas e me puxou para uma cadeira. Gründerzeit, um espécime magnífico, de madeira maciça, passou pela minha cabeça.

Ele desamarrou minha mão direita, apenas para amarrá-la imediatamente ao braço. Eu balancei para trás e quis me defender com minha mão livre. Ele a pegou em uma mão e a segurou com força, olhando nos meus olhos.

Seus olhos me assustaram!

Sem dizer uma palavra, ele colocou minha mão esquerda no braço livre e amarrou-a também.

Minha resistência diminuiu imediatamente.

Ele deu alguns passos para trás, inclinou-se contra sua mesa e olhou para mim.

cobiçando? condescendente?

"Sobre o que é isso?" Eu gaguejei ansiosamente.

"Você tem que dizer o que deve acontecer agora", disse ele com um sorriso nos lábios.

Travei uma batalha interna entre medo, ganância, orgulho e excitação. Cuspir em seus pés, minha cabeça aconselhou.

No entanto, eu não disse ou fiz nada do tipo.

"Bom! Como quiser!" ele sussurrou perigosamente.

Ele tirou o casaco e veio em minha direção. Ele tirou um pano do bolso e me vendaram.

Eu o ouvi caminhar lentamente ao redor da cadeira e de repente me senti terrivelmente à mercê dele.

O que você estava pensando, pensei comigo mesmo quando notei sua mão no meu joelho.

Ela lentamente deslizou para cima!

Percebi minha excitação aumentando e esperei por mais toques.

"Diga! O que você quer?" ele sussurrou.

fiquei calado!

"Me diga o que você quer!" ele repetiu.

Eu não disse nada porque não podia dizer.

Sua mão lentamente deslizou cada vez mais alto. Eu involuntariamente estendi meu colo em direção a ele, querendo sentir seu toque.

Agora! Imediatamente!

Ele parou a poucos milímetros do toque redentor e me recusou. Sua mão trocou de coxa e suavemente deslizou de volta para baixo.

Eu estava tão tenso que estava tremendo. Percebendo isso, ele gentilmente acariciou meus braços, ombros e estômago para me acalmar.

Funcionou. Eu me acalmei e o senti desabotoar o botão da minha saia. Quando eu levantei meu traseiro um pouco, ele lentamente puxou a saia para baixo sobre minhas pernas.

Eu me senti estranho. Eu estava animado?

Você é louco? soou brevemente na minha cabeça.

Ainda era possível lutar?

Eu queria lutar de volta?

Ele gentilmente acariciou minha barriga novamente, minha cintura, meus quadris, até minhas coxas e de volta, sempre tomando cuidado para não tocar minha calcinha.

Foi uma agonia! Um tormento glorioso.

Seus dedos deslizaram sob o cós da minha calcinha e gentilmente puxaram para baixo. Mais uma vez eu levantei meu traseiro um pouco para tornar mais fácil para ele.

Ele puxou minha calcinha para baixo sobre minhas pernas.

Meu desejo aumentou.

Com ternura, ele acariciou meus pés e tirou meus sapatos. Eu os ouvi cair. Ele agarrou meu tornozelo direito e o empurrou para cima, fazendo minha perna dobrar.

Quando entendi, quis me defender, mas com força gentil ele tirou meu desejo quase inexistente de resistir.

Ele também amarrou minha perna no apoio de braço e repetiu isso com meu outro pé.

Eu estava tão preocupado comigo mesmo e com meus sentimentos que só alguns momentos depois percebi o silêncio repentino.

Eu escutei. Nada. minutos se passaram. Nada.

Ouvi um movimento e senti seus olhos em meu corpo nu. Minhas pernas abertas e amarradas davam uma visão clara do meu mais íntimo.

Senti-me mal, à mercê, impotente e com medo.

Resumindo, fiquei emocionado!

Isso me confundiu. Eu não poderia colocar esses sentimentos.

A incerteza aumentou e eu me concentrei em mim mesma.

De repente, ele colocou a mão espalmada na minha região pubiana.

Ela ficou ali sem se mexer.

Uma onda de prazer tomou conta de mim e comecei a balançar minha pélvis para extrair qualquer movimento dela. Mal sucedido!

Sentir aquela mão redentora tão perto e perceber que não estava me dando o que eu precisava quase me deixou louco.

Eu abri minha boca, queria dizer a ele, mas não consegui.

"Me diga o que você quer!" ele sussurrou.

"Eu... eu não posso!" eu respirei.

Assim que a última sílaba morreu, sua mão desapareceu.

O latejar no meu colo ficou mais forte.

Eu mal podia suportar!

Inconscientemente, continuei tentando levantar minha mão direita para me tocar, mas não foi possível por causa da escravidão.

De repente, como se fosse uma deixa, as algemas daquela mão direita foram afrouxadas. "Sua mão ou a minha? Qual você prefere?" ele perguntou suavemente.

Eu estava completamente confuso. Oprimido com esta situação.

Novamente ele me observou.

Novamente nada aconteceu.

Ele me deixou no caos completo em minha cabeça e isso me custou toda a minha vontade, mas eu agarrei o braço para não trazer a tão desejada salvação.

"Eu vejo!" ele disse, amarrando minha mão ao braço novamente.

O silêncio completo caiu novamente.

Interiormente me amaldiçoei pela oportunidade perdida. Novamente senti sua presença com um toque.

Sua língua circulou meus mamilos.

Eles se endireitaram e se esticaram avidamente em direção à boca dele.

Ele reconheceu isso com uma risada agradável. Então ele começou a lambê-los, chupando-os e enquanto os mordia levemente, eu não pude deixar de gemer.

Deixei minha luxúria correr solta e ele provocou meus mamilos até que eu quase gozei.

De repente ele parou!

Mais uma vez, mas cada vez mais lentamente, minha luxúria diminuiu. Acordei do frenesi ao qual estava me entregando para encontrar a dor latejante no meu colo.

Meu centro de prazer ansiava por satisfação.

Tentei controlar minha respiração e quando consegui fazê-lo pela metade, ele respirou.

"Me diga o que você quer!"

Seu hálito quente acariciou meu pescoço sensível. Tudo dentro de mim queria gritar: "Tire-me do meu tormento."

Novamente ele esperou.

Eu estava em silêncio.

Sua respiração no meu pescoço desapareceu. Eu o ouvi andando por aí. O pano farfalhava. A camisa dele?

Enquanto eu ainda estava pensando sobre isso, de repente o notei entre minhas pernas.

Oh Deus... sim... finalmente!

O puxão doloroso em meu colo me atingiu com força desenfreada. Comecei a me mover desconfortavelmente quando senti sua respiração em meus pelos pubianos.

Novamente estendi minha pélvis em direção a ele na esperança de salvação.

Mais uma vez não fui recompensado!

Fiquei imóvel e tentei me acalmar, controlar minha respiração. Assim como eu era capaz de fazer isso, eu me senti como uma ponta de dedo nos meus lábios excitados.

Eu gemi alto. A pura luxúria me venceu. Eu ansiava por seu toque com desejo irreprimível.

Um começo de salvação, um fim de tormento.

Mas novamente nada aconteceu!

Ele espalhou meus lábios. Eu senti o quão molhada eu estava. Sua respiração quente soprou sobre meu clitóris.

Ele me atormentava conscientemente por causa do poder que tinha sobre mim naquele exato momento e estava esperando.

Desgraçado! Idiota.

Minha noção de tempo estava desaparecendo.

"Por favor," eu respirei depois do que pareceu uma eternidade.

Por essa palavra, fui recompensada com uma onda de prazer quando ele começou a lamber meu ponto mais sensível e chupar meu clitóris. Eu me contorci em minhas amarras e gemi.

Minha respiração ficou mais pesada e eu sabia que em alguns momentos eu encontraria minha tão esperada salvação.

De repente, ele parou e se afastou de mim.

"Não! Não! Por favor, vá em frente. Eu quero vir." Eu soltei antes que eu pudesse realmente pensar sobre isso.

Ouvi sua risada satisfeita e corei.

Estou envergonhado?

O pano farfalhava novamente.
metal estremeceu. As calças dele?

Percebi como ele se aproximou de mim.

As algemas nas minhas pernas e braços estavam desamarradas. Ainda assim, não ousei me mexer. Meu desejo dificilmente foi diminuído pela nova situação, meus sentimentos caíram sobre mim.

Ele se inclinou sobre mim.

Eu o senti! Eu o cheirei.

Ele tirou minha venda e olhou profundamente em meus olhos.

"Você não precisa se envergonhar", ele disse quase com ternura e me beijou, primeiro gentilmente, depois exigente.

Então ele soltou minha boca, acariciou meu pescoço, meus seios, meu estômago até meu púbis e novamente ele se acomodou entre minhas pernas.

Novamente esta espera!

Isso estava me deixando louco, mas eu não tinha poder para mudar isso. Eu sabia. Ele sabia disso. E eu sabia que se me movesse agora que minhas amarras estavam soltas, ele não me libertaria. E ele sabia que eu entendi.

Seu polegar lentamente começou a massagear meu clitóris protuberante.

Ele me olhou diretamente nos olhos e gostou de ver a luxúria, a agonia e o desejo indescritível de salvação.

Devolvi aquele olhar com uma súplica.

A dor do prazer ameaçou me dominar.

Sempre que eu estava prestes a chegar ao clímax, ele parava.

Até que ele me teve onde ele me queria.

Eu queria senti-lo!

Eu estava ávida por seu pau duro e latejante em pé entre minhas coxas. Queria sentir sua luxúria, o que me daria a certeza de que também lhe dera algo.

Naquele momento, enquanto eu olhava para seu pênis duro com luxúria, ele entrou em mim.

Foi um empurrão violento e exigente1

Ele empurrou seu pau duro todo o caminho em minha vagina.

Um gemido longo, alto e libertador escapou da minha garganta. Ele puxou-o para longe de mim novamente, apenas para empurrá-lo de volta para mim alguns momentos depois.

Rapidamente encontramos nosso ritmo.

Ele me bateu profundamente, duro e cheio de alma ao mesmo tempo.

Eu parecia estar flutuando, meus sentidos desaparecendo quando meu clímax foi anunciado. Naquele momento ele bombeou seu esperma quente em minha vagina.

Descarregamos nossa luxúria com um alto clamor de salvação.

Ele gentilmente se separou de mim e só agora me atrevi a relaxar minhas pernas e braços. Ele me segurou até meu tremor diminuir e o sentimento de fraqueza e vergonha não ameaçar mais me dominar.

Então ele se levantou, caminhou lentamente até sua mesa onde suas coisas estavam arrumadas e começou a se vestir.

Ele não disse uma palavra.

Confusa, juntei minhas coisas. Quando eu estava totalmente vestida novamente, nossos olhos se encontraram.

É triunfante, meu questionamento.

Ele começou a sorrir, era um sorriso arrogante.

"Mais cedo ou mais tarde terei todos onde eu quiser!" ele disse, seus olhos irradiando o tipo de arrogância que eu tanto odiava.

Meu orgulho ofendido me guiou quando eu, por reflexo, levantei minha mão para lhe dar um tapa no rosto.

Ele a pegou, segurou-a, empurrou meu braço para baixo, chegou bem perto dele e me olhou direto nos olhos.

"É assim que vai! Ainda a mulher forte e confiante. Já estou ansiosa para a próxima lição!" com uma risada diabólica.

"Nunca mais", eu rosnei de volta com raiva. "Não até que o inferno congele!"

"Você pode ir", disse ele. "Farei com que ela venha para a próxima aula. Agora feche a porta atrás de você!"

Meus olhos o encararam com raiva, mas ele não percebeu quando voltou para os arquivos em sua mesa.

Então não tive escolha a não ser dar meia-volta e sair do escritório. Na porta, eu me virei para fechá-la e vi seu olhar desviar do meu.

Ele sorriu.

Ele já estava ansioso para a próxima lição?

Resolvi descobrir nos próximos dias e deixei o prédio tarde da noite com esses pensamentos em mente!

5

USADO PELO CHEFE!

Jan tinha sido estagiário em um escritório de consultoria tributária em uma pequena cidade da Baviera por quase três meses.

Depois de se formar no ensino médio, ele se inscreveu aqui e foi selecionado entre mais de trinta candidatos.

Talvez fosse também porque sua mãe e a esposa do contador se conheciam desde crianças. Ela repetidamente delirou com o marido sobre o menino diligente e capaz que Jan era quando ele estava selecionando os candidatos, até que ele finalmente concordou e, em vez de uma jovem, contratou um estagiário do sexo masculino pela primeira vez.

Jan era realmente um jovem ambicioso e tinha acabado de completar 18 anos. Seu chefe, que além dele era o único homem no escritório de consultoria tributária, que tinha oito funcionários, exigia dele o dobro do esforço.

Na véspera, seu chefe tinha ido a um seminário. Enquanto isso, sua esposa, Katrin Berger, que também era consultora tributária, administrava o escritório.

Como o único homem entre tantas mulheres, Jan não teve vida fácil e ficou feliz quando o dia de trabalho chegou ao fim. Com demasiada frequência, as mulheres faziam insinuações lascivas e riam até as cabeças quando Jan desviava o olhar envergonhado e corava de novo e de novo.

Embora ele conhecesse muito bem a teoria sobre amor físico e sexo, ele nunca teve uma namorada para experimentar consigo mesmo, o que provavelmente era porque ele era um pouco tímido e com medo de garotas se aproximarem.

Mas tinha sido um dia de trabalho tranquilo no geral, até que de repente, pouco antes do horário de fechamento, a chefe saiu de seu escritório e foi propositalmente para a mesa de Jan.

Katrin Berger já tinha pouco mais de quarenta anos, calculou ele, já que devia ter a mesma idade de sua mãe. Ela estava muito bem arrumada e atraente, com uma figura que não só as outras mulheres no escritório só podiam invejar. Ela usava seu cabelo loiro claro e levemente ondulado solto, que Jan gostava particularmente.

Ela usava um blazer preto justo sobre uma blusa branca. Combinando com uma saia preta justa que revelava muito de suas pernas longas e finas envoltas em meias pretas de náilon.

Em seus sapatos pretos de salto alto, ela caminhou em direção a Jan com passos confiantes e colocou uma folha de papel DIN A4 escrita à mão em sua mesa.

"Você poderia digitar isso para mim rapidamente?" ela perguntou a ele sorrindo e acrescentou. "Muitas vezes bato nas teclas erradas com minhas unhas compridas e não quero quebrá-las também. Se demorar um pouco mais, amanhã você pode ir mais cedo para isso."

"Sem problemas, Sra. Berger. Eu gosto de fazer isso", Jan respondeu e de repente olhou para suas mãos esbeltas com as quais ela casualmente se apoiou em sua mesa.

Suas unhas, pintadas de vermelho vivo, realmente cresceram muito, mas foram cuidadosamente cuidadas e lixadas, de modo que era fácil dizer que ela era uma mulher rica.

Quando ela notou Jan olhando com admiração para suas mãos, ela se inclinou um pouco mais para que ele tivesse uma excelente visão de sua blusa decotada.

"Isso é muito legal de sua parte. Vou pensar em algo para compensar você," ela quase sussurrou. "Quando você terminar com isso, por favor, traga-o para o meu escritório. Sim?"

"Claro, Sra. Berger," ele rapidamente a chamou quando ela deixou o escritório aberto com passos orgulhosos.

Gradualmente, todos os colegas terminaram o trabalho.

Afinal, Jan era o último no grande escritório. Ansioso, ele digitou o volumoso memorando no computador, o que levou muito tempo.

Depois de três quartos de hora, ele terminou e imprimiu tudo.

Já estava escurecendo lá fora quando Jan atravessou o escritório deserto, documentos na mão, até a porta de seu chefe e bateu.

- Entre, estou te esperando!

Jan entrou e fechou a porta atrás dele.

Ela se sentou relaxada, recostada na cadeira executiva de couro do marido e acendeu um cigarro com prazer. Ela havia tirado o blazer e cruzado as pernas compridas elegantemente.

"Você terminou? Mostre-me!" ela disse em um tom severo e pediu a Jan que lhe entregasse os papéis.

Sem sequer olhar para os papéis, ela pegou a pilha e a rasgou em pedacinhos.

Jan estava na frente da grande e sólida escrivaninha de madeira e não sabia o que pensar dela.

"Mas eu pensei que você queria que eu digitasse isso?" ele gaguejou, confuso.

"Você fez bem também," ela respondeu com um sorriso superior. "Agora eu quero outra coisa de você!"

Ela deu uma tragada profunda no cigarro e apertou os lábios e soprou a fumaça no rosto dele.

A maneira como ela segurava o cigarro como uma dama entre os dedos longos e puxava com prazer enviou um arrepio agradável pelo corpo de Jan.

A sala estava iluminada apenas pelo abajur da mesa, mas o cone de luz caiu diretamente sobre a mulher mais atraente e erótica que ele poderia imaginar: sua chefe.

"Por favor, tire isso de mim e desligue", ela instruiu e estendeu o cigarro meio fumado. Jan deu a volta na grande mesa, pegou o cigarro e apagou-o no cinzeiro.

"Você gosta com a gente?" ela perguntou.

"Sim, muito mesmo", Jan respondeu educadamente e viu como ela lentamente começou a desabotoar a blusa apertada com as unhas compridas.

"Você sabe que fui eu quem insistiu em contratá-lo aqui?"

Jan olhou para seus seios firmes, que estavam apenas meio cobertos pelo tecido de sua blusa, que estava quase completamente aberta, com os olhos sempre arregalados.

"Perguntei-te uma coisa!" ela assobiou severamente.

"Como? Sim, eu não sei, Sra. Berger."

"Conheço sua mãe há muito tempo e me senti um pouco responsável por você, meu menino. Então eu coloquei uma boa palavra para você com meu marido e espero que você não me decepcione."

Ela deslizou a blusa para baixo e começou a massagear os seios com os dedos finos.

Jan não podia acreditar no que estava acontecendo aqui.

Seu chefe sentou na frente dele e brincou com os seios aparentemente desenfreados.

"Você sempre vai fazer o que eu digo, certo?" ela perguntou

provocantemente, lambendo os lábios carnudos com a língua comprida.

"Eu faria qualquer coisa por você, Sra. Berger!"

"Isso mesmo, meu rapaz! Com essa atitude você vai longe aqui!"

Ela abriu as coxas e estendeu as pernas sobre os braços da cadeira do escritório.

Jan podia ver que ela não estava usando calcinha.

Ele podia ver seus pelos pubianos loiros claros raspados em um coração.

"Meu cabeleireiro faz isso," ela respirou quando notou seu olhar curioso.

"Nunca vi nada tão bonito", respondeu Jan.

"Eu costumava fazer a barba completamente limpa, mas agora está fora. As mulheres estão mais uma vez ostentando pêlos pubianos raspados em padrões e formas elegantes. Você gosta disso?"

"Sim, muito bem. Nunca gostei de ficar completamente barbeado", gaguejou Jan.

Ela sorriu para ele e acariciou suas pernas sedutoramente.

"Tire a roupa e me mostre seu pau duro!" ela ordenou em um tom severo.

Jan ouviu e abriu as calças.

"Continue!"

Ele estava inteiramente em suas mãos. Como se controlado remotamente, ele se despiu completamente nu. Ela olhou com admiração para seu enorme pênis, que se estendia horizontalmente de seu corpo jovem.

"Se eu soubesse imediatamente que você estava tão bem pendurado, eu teria começado seu treinamento muito mais cedo!" ela murmurou apreciativamente e começou a esfregar seu clitóris com uma mão enquanto a outra mão massageava os mamilos eretos.

"Eu quero ver você masturbar esse pau lindo!" ela o instruiu com um gemido.

Jan não conseguiu dar um pio.

Como que automaticamente, ele seguiu o pedido de seu chefe e agarrou seu pênis totalmente ereto com a mão direita para imediatamente se masturbar violentamente.

"Não tão rápido, sua putinha com tesão!" ela estalou para ele. "Faça bem e devagar e amasse suas bolas grandes com a outra mão! Eu quero aproveitar a visão de sua luxúria juvenil pelo maior tempo possível!"

Jan obedeceu e diminuiu seus movimentos.

Gemendo alto, ele agarrou seu escroto saliente com a mão esquerda e apertou suas bolas cheias de esperma.

Tudo isso seguiu seu chefe com olhos brilhantes e aumentou cada vez mais a irritação de seus genitais altamente excitados. Mais e mais suco jorrava de sua vagina aberta e percorria o curto períneo até seu ânus.

Ela alternadamente levantou os seios pesados, mas extremamente firmes com uma mão e chupou os mamilos inchados em sua boca ávida. Ela não conseguia tirar os olhos de seu pênis duro.

Jan pensou que estava sonhando!

Seus olhos devoraram o corpo da mulher, que se contorcia e se contorcia cada vez mais violentamente, e ele percebeu como, apesar da lentidão de seus movimentos de masturbação, o suco subia inexoravelmente.

"Não aguento mais, Sra. Berger", gaguejou.

"Então solte seu pau!" ela ordenou. "Eu ainda não vim, então você vai se controlar também!!"

Ela deslizou dois dedos em sua vulva e começou a se foder.

"Você pode continuar. Eu quero ver você esguichar!"

Jan imediatamente agarrou seu pau duro novamente e depois de apenas alguns movimentos bruscos ele jogou seu esperma em seu chefe ofegante.

Completamente exausto, Jan caiu no chão. Seu chefe agarrou suas mãos e as colocou em seus seios.

"Seu treinamento pode começar! Você vai aprender como um homem pode fazer uma mulher feliz, meu jovem esguicho."

Jan claramente sentiu seus mamilos duros como pedra cavar profundamente em suas palmas e começou a explorar os seios firmes.

Eles pareciam macios, mas ao mesmo tempo incrivelmente apertados.

Jan mal podia resistir à tentação de acariciar esses atributos perfeitamente formados de sua feminilidade madura com os lábios e a língua.

"Chupe meus botões, pequena. Deixe-me sentir o quanto você ansiava por isso!"

Ela esticou a parte superior do corpo em direção a ele. Ele chupou, lambeu e chupou os mamilos duros de seu chefe.

"Sim, continue. Você está fazendo certo", ela gemeu.

Então ela o empurrou e se levantou.

Ela elegantemente desfez o cinto de sua saia justa e o deixou deslizar para o chão.

"Coloque minhas bombas de volta!" ela ordenou a seu servo disposto, levantou lentamente um pé e colocou-o no ombro de Jan ajoelhado.

Ele pegou o sapato certo e o colocou sobre o pé com meia de náilon de seu chefe.

Depois que ele também calçou o outro sapato com o mesmo procedimento, ela ficou na frente dele com as pernas afastadas. Seu olhar ficou fascinado em seus pelos pubianos loiros.

"Você gostaria de chupar minha buceta?" ela perguntou com luxúria.

"Oh sim, por favor Sra. Berger, isso seria a melhor coisa para mim!"

"Porque você tem sido tão bom até agora, você pode provar!"

Ela deslizou o dedo indicador entre os lábios e mergulhou profundamente em sua umidade. Então ela estendeu o dedo molhado para Jan. Ele abriu a boca e lambeu seu suco de prazer.

Seu pau estava duro!

Isso não ficou escondido de seus olhos experientes.

"Vejo que seu jovem pênis está pronto para um pequeno tratamento especial!"

Ela puxou Jan pelos cabelos. Enquanto ele estava na frente dela, ela agarrou seu tronco duro como pedra e apertou, fazendo-o se encolher de dor para se libertar de seu aperto.

"Relaxe e sente-se na cadeira. Certamente não vai doer!"

Ela conduziu seu jovem aprendiz até a cadeira de couro e gentilmente o empurrou para a almofada macia.

"Recoste-se e divirta-se! Eu vou te mostrar agora o que uma mulher de verdade pode fazer com sua varinha mágica!" ela respirou e acariciou lentamente a parte inferior do pênis que subia abruptamente com suas unhas compridas. Sua boca aberta avidamente apreciava a glande brilhante. Com ternura seus lábios cheios chupavam a ponta latejante de seu pênis enquanto sua mão amorosamente agarrava o eixo duro, empurrando para cima e para baixo com sentimento, sua outra mão suavemente descansando em seu escroto.

Jan gemeu alto.

"Você é tão boa para mim, Sra. Berger", ele lamentou.

Ela cuidadosamente levantou o escroto saliente com uma mão enquanto sua boca chupava sua glande.

Ela olhou Jan nos olhos com um olhar penetrante.

"Apoie as pernas e coloque os pés na cadeira", ela o incitou. Ele deslizou a bunda um pouco para trás, levantou as pernas e apoiou os pés nos braços largos e acolchoados.

Nesta posição, ele se sentiu como um besouro deitado de costas. Ele gostava da sensação de se submeter completamente a essa mulher divina.

Ela deixou suas mãos esbeltas com as garras afiadas deslizarem levemente arranhando o interior de suas coxas até chegarem ao seu bumbum.

Lá ela abraçou as nádegas firmes e as empurrou. Ela tirou uma mão de sua bunda e colocou o dedo indicador na boca, lambendo e chupando até que ela o puxou para fora, brilhante e molhado.

"Respire e relaxe!"

Ela passou a ponta da longa unha do dedo indicador pelo períneo dele, até o ânus. Ela ficou lá por um momento e agarrou a base de sua cauda com a outra mão.

Seus lábios estavam a apenas milímetros de sua glande.

Ao mesmo tempo em que sua boca quente e úmida empurrou sobre sua glande latejante, sua longa unha penetrou sua roseta e perfurou cada vez mais fundo em seus intestinos. Com a mesma lentidão sua boca engoliu seu pênis.

Jan não sabia se gritava alto de dor pela penetração em seu reto ou de luxúria desde a primeira foda de sua vida. Tudo o que conseguiu foi um uivo incompreensível e se resignou ao seu destino.

Para cima e para baixo, sua boca experiente agora chupava cada vez mais forte o objeto de seu desejo.

Sempre que ela sentia o pênis dele começar a sacudir perigosamente, ela enfiava o dedo profundamente em seus intestinos escorregadios novamente. Isso impediu sua ejaculação.

Então ela o soltou, levantou-se e sentou-se graciosamente na beirada da mesa. Ela sabia que Jan estava irremediavelmente viciado nela.

Agora era hora de escalar os picos do prazer físico para si mesmo.

"Você gostou do meu pequeno tratamento especial?"

Jan ficou de joelhos na frente de seu chefe.

"Pergunte-me o que você quer!"

"Então me lamba!"

Ela levantou as pernas compridas com meias pretas e as colocou nos ombros de Jan. Sua bunda expansiva deslizou um pouco para frente, de modo que seus lábios estavam apenas alguns centímetros de distância.

"Saborear meu néctar!"

O rosto de Jan mergulhou profundamente na vagina molhada. Sua língua provou seu aroma picante.

Ela afundou e deitou na mesa.

Jan grunhiu, lambeu e chupou os lábios inchados de seu chefe.

"Ohhhhhhh yeahaaa, isso é tão bom!" ela exclamou satisfeita. "Chupe no meu clitóris. Eu estarei aí."

Seu corpo se contorceu e começou a convulsionar.

Quando ela recuperou seus sentidos, ela se endireitou.

"Levante-se, meu amor!" ela ordenou alegremente e puxou-o para ela. "Agora eu quero que você enfie seu pau duro na minha boceta molhada e me foda muito forte!"

Ela agarrou seu pênis e levou sua glande latejante bem na frente da entrada de sua caverna de prazer.

Ela se apoiou na mesa com uma mão. Jan se inclinou para frente e lentamente enfiou o bastão do amor em sua bainha.

"Faça-me agora! É para isso que você conseguiu o aprendizado! Vá foder seu chefe."

A mão dela agarrou sua bunda para guiar seu ritmo inicialmente desajeitado. Ele martelou seu pênis na boceta transbordante de seu chefe, que batia ruidosamente a cada nova penetração, com impulsos cada vez mais violentos.

Como se estivesse em transe, ele agarrou seus seios carnudos com ambas as mãos, que ela estendeu para ele sedutoramente.

"Sim, isso é bom. Lamba meus seios grandes!"

Jan chupou seus grandes mamilos duros profundamente em sua boca. Com cada impulso renovado, seus testículos batiam contra suas nádegas.

"Sua porra forte está me matando!" ela gritou.

Era apenas uma questão de mais algumas estocadas e ela alcançaria o ápice do prazer! Ela imediatamente agarrou a alça dele com as duas mãos e a pressionou firmemente em seu ducto vaginal.

"Puxe-o lentamente e depois volte!"

Ele fez como ordenado.

Ele empurrou seu pênis profundamente em sua vagina com prazer, puxou-o novamente até a glande para penetrá-la novamente. Ele repetiu isso cada vez mais rápido até que encontraram um ritmo comum.

"Yaaaaaaaaaa!!!! Você está me matando!" ela gritou com luxúria.

A contadora agora perdeu completamente o controle de tudo o que ela fazia, ela só queria ser usada como uma carne se contorcendo.

O orgasmo renovado fez seu corpo perfeito, como se possuído por demônios sexuais famintos, se erguer descontroladamente e desmoronar em espasmos extáticos de exaustão.

Demorou muito para que voltassem à realidade.

"Se você deseja continuar sua educação aqui, você está sempre disponível para mim se eu desejar", ela disse a ele com uma voz forte.

"Entendeu, garoto?"

"Sim, chefe", ele respondeu submisso.

Ele se sentia confortável em seu papel como seu escravo sexual submisso.

Os próximos anos devem ser muito instrutivos para Jan.

www.ingramcontent.com/pod-product-compliance
Lightning Source LLC
LaVergne TN
LVHW012104160826
845678LV00014B/2926

9798849790541